NOTKER WOLF

einfach. bewusst. leben.

Die Balance des Lebens finden

benno

Das Leben ist ein Geschenk

Wir brauchen nur sensibel zu werden, unsere Augen und Ohren öffnen. Dann erfahren wir unser Leben als Geschenk. Es ist einfach wunderbar, leben zu dürfen. Wenn im Frühling die Vögel kommen und aus voller Kehle singen, ist das nicht ein Wunder des Lebens? Umso mehr sind wir es selbst.

Ich möchte meine Freude am Leben bewahren und ausleben.

Der heilige Benedikt gibt selbst dem Klosterleben ein Fundament der Freude. Umso mehr gilt das für alle Menschen. Gott lässt seine Sonne über alle aufgehen. Diese Erfahrung wünsche ich allen.

Miteinander leben

Im Miteinander erfahren wir, dass wir aufeinander angewiesen sind, jeder auf jeden. Wir werden auch merken: Es gibt ganz unterschiedliche Qualitäten von Menschen. Und wir werden auch die Schwächeren mittragen.
Wir sind nicht gleich, wie immer wieder behauptet wird. Wir sind gleichwertig als Menschen. Das ist etwas anderes. Deshalb müssen wir allen die Chance geben, sich so gut wie möglich zu entfalten.
Und schenken wir Lob! Dann werden auch wir gelobt. Wir brauchen keine Anerkennung suchen. Je mehr Anerkennung wir schenken, desto mehr Anerkennung erfahren wir selbst. Das gilt vor allem für das Vertrauen. Achten wir darauf, dass wir Vertrauen schenken, damit wir ein Klima des Vertrauens schaffen, nicht ein Klima der Angst.

Alle Menschen haben den gleichen Wert, weil sie alle aus der Hand Gottes stammen.

Der Glaube hebt uns
über den Alltag hinaus
und schenkt unserem Leben
eine größere Dimension.

Balance finden

Zur Souveränität gehört auch die persönliche Balance von Arbeit und Freizeit. Wir brauchen die freien Minuten, um uns zu erholen. Wir wollen keine Workaholiker sein. Das Gegenteil wären die Müßiggänger. »Müßiggang«, sagt Benedikt, »ist der Feind der Seele.« Man kann sich auch ans Nichts-Tun gewöhnen. Ich glaube

aber, etwas zu arbeiten, mit den eigenen Händen, und den Erfolg zu sehen, bereitet echte menschliche Erfüllung.

Der Mensch muss im Mittelpunkt stehen – jeder von uns. Alle stehen als Menschen im Mittelpunkt. Es kommt mir immer auf die Achtung vor den Menschen an. Der Mensch ist kein Arbeitspotenzial. Er ist ein Individuum mit vielen und wunderbaren Fähigkeiten.

Das Leben genießen

Wir brauchen die Freizeit. Wir wollen und sollen das Leben ja auch genießen. Ich selber genieße das Leben auch bei einer schöpferischen Tätigkeit. Wenn ich Musik mache, wenn ich intensiv übe, dann kann das einer mühevollen Arbeit gleichkommen, bis ich wieder den toten Punkt überwunden habe. Aber genau das macht dann die Freude auch aus. Sie ist die Folge einer Leistung. Das

Die rechte Balance zu finden
zwischen Freiheit
und festen Vorgaben –
das ist wichtig.

gilt auch, wenn ich tagein, tagaus an einer Fremdsprache weiter studiere. Auch mir fällt nichts in den Schoß. Ich muss hart und kontinuierlich üben. Die Freude am Erfolg motiviert.
Und vergessen wir auch nicht die Familie trotz aller Arbeit. Das Herz, das wir in unserer Familie entwickeln, werden wir auch im Betrieb rüberbringen und menschliche Wärme schenken.

Freiheit spüren

Wir brauchen die Distanz zu uns selbst, und zu sagen: »Ich bin gar nicht so wichtig.« Und je weniger wichtig ich bin, umso schöner ist eigentlich das Leben; umso freier bin ich. Ich muss mich nicht die ganze Zeit beweisen. Das ist doch etwas Wunderbares. Dann kann ich auch das rechte Maß walten lassen, »die Mutter aller Tugenden«, wie der heilige Benedikt gesagt hat: »Der Abt richte alles so ein, dass die Starken finden, wonach sie verlangen, und die Schwachen nicht davonlaufen.« Seine Regel ist meines Wissens die einzige

Der Sinn des Lebens:
Die Freude und die Liebe,
die Erfahrung, von Gott
angenommen zu sein.

Klosterregel, wo auch für die Schwachen geredet wird. Wo auch mit Schwachen gerechnet wird und die Schwachen einen Platz haben. Und Benedikt fährt fort: »Wenn ich meine Herde überanstrenge, geht sie mir an einem Tag zugrunde.« Diese Klugheit der Balance bedeutet, auch zu fragen: Wie viel kann ich jetzt fordern? Ich kann nicht, auch wenn ich es noch so gerne hätte, Menschen unter Druck setzen. Sich Zeit lassen, einen Zeitplan aufstellen und versuchen, diesen einzuhalten.

Es gibt eine ganz schlichte Formel für uns Menschen: Man muss die Leute mögen!

Anerkennung schenken

Jemandem Anerkennung, Identität, Selbstwertgefühl schenken ist eine Grundregel, um andere zu begeistern. Wir können das noch steigern, indem wir eine weitere Regel Benedikts anwenden: Wann immer wichtige Entscheidungen anstehen, gilt es, alle einzubinden, die es betrifft. Selbstverständlich kann ich in einem großen Unternehmen nicht alle Mitarbeiter zu allen Einzelproblemen

befragen. Dazu gibt es die Subsidiarität. Jedes Problem soll auf seiner Stufe gelöst werden. Aber genau da sollen auch alle eingebunden werden.
Ein Unternehmen, bei dem alle eingebunden sind, wird sich organisch weiterentwickeln. Wir haben Benediktinerklöster mit 1200-jähriger Geschichte. Das ist nur auf dieser Basis möglich. Sie erhält ein Unternehmen offen für die Zukunft und weitere Entwicklung.

Eine offene Tür

Gastfreundschaft ist ein Charakteristikum der Benediktinerklöster, so sehr, dass Papst Innozenz III. bei seinem Besuch eines Klosters das Fehlen eines Gästehauses kritisierte, die Mönche zum Bau verpflichtete, das Geld dafür gab und auch Güter, damit aus den Einkünften die Kosten der Gästebewirtung beglichen werden konnten. Benedikt spricht von den Brüdern im Glauben, aber eben auch von allen Menschen, denen der Respekt entgegengebracht werden soll.

Glaube ist Gemeinschaft
mit Gott und den Menschen.

Klöster sind wegen ihrer Mauern bekannt, aber diese Mauern haben Türen und Tore, um suchende Menschen aufzunehmen, und nicht nur Suchende, sondern besonders auch, wie Benedikt sagt, die Armen. Wenn wir ein bisschen weiterdenken, an die heutige Situation unserer Welt, an die Menschen, die in unserem Lande Zuflucht suchen, dann können die Worte Benedikts eine große Sprengkraft in sich bergen. Nicht nur Benediktiner sind zur Gastfreundschaft aufgefordert. Für alle Christen gilt das Wort Jesu: »Ich war fremd, und ihr habt mich aufgenommen.«

Neue Energie

Bei Benedikt gibt es einen wichtigen Zusatz in seinem Kapitel über die Mitberatung. Der Abt solle alle zu Rate ziehen, sagt er und unterstreicht das »alle« durch den Hinweis, weil Gott oft den Jüngeren eingebe, was das Bessere sei. Ein erstaunliches Wort für einen Autor des 6. Jahrhunderts. Benedikt hat wohl an die Gestalten der Bibel gedacht, an einen David, der von Samuel zum König gesalbt wurde, als er noch das Vieh hütete, oder an den noch jungen Nachfolger Salomon, der durch sein »salomonisches Urteil« berühmt geworden ist.

Wir brauchen in unserem Leben den Mut zum Risiko. Das gehört zur Lebensfreude.

Diese biblischen Gestalten mögen seine Alltagserfahrung bestätigt haben, dass jüngere Menschen neue Ideen mitbringen, neue Energien, neue Risikobereitschaft. Nur so kann eine Gruppe, entwicklungsfähig bleiben. Es ist gut, auf der einen Seite Dinge nicht als selbstverständlich hinzunehmen, sondern auch demokratisch zu hinterfragen und vieles demokratischer abzustimmen. Das passt auch zu unserem Ordensideal.

Das Glück der Vielfalt

Wir brauchen lauter Leute, die selbst tragen können. Denn das Gemeinschaftsleben kann auch eine Belastung sein: Wenn man in einem Kloster einerseits in der Einsamkeit lebt und andererseits ständig mit seinen Klosterbrüdern zusammenleben muss, dann ist das in der Tat eine Herausforderung. Es tun sich doch manchmal schon zwei Leute sehr schwer, das zu schaffen. Wir in St. Ottilien sind über 100 Leute. Das muss jeder Mönch erleben und aushalten können. Irgendwann schlägt das Aushalten um in Glück, dann nämlich, wenn man erkennt, dass Unterschiede etwas wahnsinnig Schönes und Bereicherndes sind. Aber es dauert eine gewisse Zeit, bis man dahinterkommt.

Es ist etwas Wunderbares, die eigenen Fähigkeiten zu entdecken.

Menschen begeistern

Die Motivation der Leute und ihr Befinden sind mir wichtig. Damit begeistern wir die Menschen. Sie fühlen sich ernst genommen, eine zwischenmenschliche Beziehung wird aufgebaut. Das hat mit Emotion zu tun, Emotion im positiven Sinn.
Wenn ich mich um einen Menschen kümmere, mich um ihn sorge, stärke ich sein Selbstwertgefühl und sein Selbstbewusstsein.
In diese Richtung zielt auch die Regel Benedikts. Benedikt weiß, er kann die Charaktere nicht verändern, aber er kann sie einbinden und zusammenführen. Er wird den einen ermutigen, den andern zurechtweisen. »Er muss dem einen mit gewinnenden, dem andern mit tadelnden, dem Dritten mit überzeugenden Worten begegnen. Nach der Eigenart und Fassungskraft jedes Einzelnen soll er sich auf alle einstellen und auf sie eingehen.«

Was immer ich tue,
wenn ich es für Gott tue,
dann macht das Sinn.
Er wird den Erfolg geben.

**Die christliche Vision
ist eine Vision,
die begeistern kann.**

Zum Leben befreit

Unser Christengott ist kein Gott des Todes, sondern ein Gott des Lebens. Jesus hat gesagt: »Ich bin gekommen, damit sie das Leben haben und es in Fülle haben.« (Joh 10,10) Gott hat keine Lust am Strafen oder am Leiden. Er hat vielmehr Leiden und Tod überwunden und uns zum Leben befreit. Mit dieser Hoffnung dürfen wir leben.

Gott zwingt auch niemanden, er lädt ein, wie der heilige Benedikt im Vorwort seiner Regel sagt. Er lädt ein und verlangt nicht einmal viel: ehrlich zu sein, andere nicht zu verleumden, Böses zu meiden, Gutes zu tun und um den Frieden besorgt zu sein, den Frieden in der Familie, mit den Kollegen und Nachbarn, Frieden auch mit sich selbst.
Es klingt allerdings einfacher, als es ist. Wir müssen einiges dazu tun. Gott nimmt uns als Partner ernst, er mutet uns Freiheit und Verantwortung zu. Und doch macht uns das erst zu erwachsenen Menschen.

Meine Ohren hören eure Gebete

Gott sagt zu dir: Willst du wahres und unvergängliches Leben, bewahre deine Zunge vor Bösem und deine Lippen vor falscher Rede! Meide das Böse und tue das Gute! Such Frieden und jage ihm nach! Wenn ihr das tut, blicken meine Augen auf euch, und meine Ohren hören auf eure Gebete; und noch bevor ihr zu mir ruft, sage ich euch: Seht, »Ich bin da«.

**Was wir brauchen,
ist eine Besinnung,
und die brauchen wir
immer wieder neu.**

Liebe Brüder, was kann beglückender für uns sein als dieses Wort des Herrn, der uns einlädt? Seht, in seiner Güte zeigt uns der Herr den Weg des Lebens.

Aus dem Prolog zur Regel des hl. Benedikt

Bibliografische Information der Deutschen Nationalbibliothek
Die Deutsche Nationalbibliothek verzeichnet diese Publikation in der Deutschen Nationalbibliografie; detaillierte bibliografische Daten sind im Internet über http://dnb.d-nb.de abrufbar.

Quellenverzeichnis
Texte:
© Notker Wolf, entnommen aus dem Kalender Ora et labora 2012, St. Benno-Verlag

Fotos:
Cover: © picture-alliance (2)
S.2/3: © Roberaten/shutterstock
S.4: © Thomas Perkins/Fotolia
S.6/7: © Wesley Cowpar/shutterstock
S.8/9: © Umjb/Fotolia
S.10/11: © fotoping/Fotolia
S.12/13: © Tomas Sereda/Fotolia
S.14/15: © Leonid Tit/Fotolia
S.16/17: © kesipun/Fotolia
S.18/19: © captblack76/Fotolia
S.20/21: © Nemeziya/shutterstock
S.22/23: © Elenathewise/Fotolia
S.24/25: © Markus Gann/shutterstock
S.26/27: © styleuneed/Fotolia
S.28/29: © Dmitry Pichugin/Fotolia

ISBN 978-3-7462-3773-2

Umschlag: Ulrike Vetter, Leipzig
Gesamtherstellung: Arnold & Domnick, Leipzig (A)